CROATIE

Merveille de l'Adriatique

Minerva

Textes
Ingrid Sever

Sommaire

1. Détail de la façade de l'un des superbes palais de Zagreb de style classique et sécessionniste. Cet édifice est le siège du musée de l'Art et de l'Artisanat.

2-3. Dubrovnik, cité exceptionnelle, est unique en son genre. Ses murailles du XVIe siècle se sont miraculeusement conservées au fil du temps ; elles délimitent le cœur historique qui donna naissance à la « république » de Raguse.

4-5. Des jeunes filles sont emportées dans le tourbillon de la danse, vêtues des costumes typiques, débordant de dentelles et de broderies. En Croatie, on s'efforce de sauvegarder les traditions populaires, c'est pourquoi de nombreux festivals folkloriques sont organisés un peu partout dans le pays.

6. En Slavonie, les costumes folkloriques diffèrent d'une région à l'autre. La jeune fille présentée ici porte l'un d'eux avec grâce et une satisfaction évidente.

7. Le monument d'August Senoa (1838-1881) est placé à l'intersection de trois rues, Vlaska, Branjugova et Palmoticiva, près de la maison où il vit le jour. Senoa est l'un des plus illustres écrivains croates du XIXe siècle.

8-9. À proximité de Povje, village situé au nord-est de l'île de Brac, on peut découvrir les vestiges d'une basilique et d'un baptistère paléochrétiens (V^e-VIe siècle). À l'arrière-plan se dessinent les escarpements de la côte littorale.

Traduction et adaptation
Marie Odile Kastner-Uomini

Connectez-vous : **www.lamartiniere.fr**

INTRODUCTION

Terre aux toits rouges parsemant les champs et les prés, terre de paysages alpins et terre de montagnes aboutissant à la mer… puis aux îles. Les habitants sont le fidèle reflet des couleurs et des spécificités de la nature environnante. Et c'est bien la nature qui règne dans ce pays où les paysages se rencontrent, s'affrontent et évoluent en nuances tout à la fois douces et violentes. Pourtant, dans cette diversité, un élément domine, la mer, qui baigne la longue côte croate.

La Croatie proclame son indépendance le 25 juin 1991, année de la fin de l'existence de la République socialiste fédérative de Yougoslavie. Elle possède un passé complexe dont l'origine remonte au VIIe siècle, à l'arrivée des Slaves venus des plaines de l'Ukraine actuelle. À partir du IXe siècle, des œuvres sculptées en caractères glagolitiques (l'ancien alphabet croate) témoignent de l'existence de princes et de souverains croates.

Des vestiges de la civilisation romaine sont encore visibles le long des côtes et, parfois, à l'intérieur des terres. D'autres peuples ont, eux aussi, joué un rôle non négligeable dans l'histoire de cette terre et laissé des témoignages significatifs.

La guerre de 1991 contre les Serbes, appelée « guerre d'indépendance », a, comme tout conflit, provoqué de nombreuses pertes, en vies humaines et en œuvres d'art. La reconstruction et la restauration de palais endommagés ou entièrement détruits commencèrent dès la fin des hostilités et sont encore en cours. Il est cependant beaucoup plus difficile de réparer les dommages infligés aux populations mêlées à ce conflit. Les événements des dernières années sont encore visibles dans les regards et sur les visages des habitants, notamment dans les lieux où se sont déroulés les épisodes les plus sanglants.

D'un point de vue géographique et climatique, la Croatie est subdivisée en Croatie continentale, Croatie alpine et Croatie méditerranéenne.

La région continentale comprend une partie de la plaine pannonienne, qui s'étire au nord et au nord-est, et la zone de la plaine slavonne située entre les rivières de la Save et de la Drave. Au nord-ouest, s'étendent les vallonnements du Zargoje croate.

De continental, le climat devient alpin au sud et au sud-ouest, dans la région de Banija-Kordun, de Lika, des Alpes dinariques et des forêts du Gorski Kotar.

La Croatie méditerranéenne, autrement dit le littoral adriatique d'Istrie et de Dalmatie, est composée d'une superbe côte de 1 178 km de long, formée de baies, de criques et d'un millier d'îles.

10. *La cathédrale Saints-Pierre-et-Paul d'Osijek fut construite à la fin du XIXe siècle en style néo-gothique par la volonté de l'évêque Juraj Strossmayer.*

11 en haut. *Le château médiéval de Varazdin fut remanié, notamment au XVIe siècle, conservant jusqu'à nos jours certaines spécificités du style Renaissance.*

11 en bas. *Le Kaptol de Zagreb est l'une des deux collines qui formèrent la capitale croate originelle. Le Kaptol a toujours servi de siège épiscopal et sur la place, on peut découvrir une statue dédiée à la Vierge.*

Zagreb est la capitale politique et administrative de la Croatie et compte presque un million d'habitants.

La ville est née officiellement en 1094 lorsque le roi Ladislav a fondé l'évêché éponyme, mais ses origines sont bien plus anciennes puisque des vestiges d'un habitat illyrien et d'un camp militaire romain ont été mis au jour dans ses environs. La ville a été construite sur la route reliant la mer Baltique à la mer Adriatique. En 1557, Zagreb était considérée comme « la plus importante ville du royaume de Croatie et de Slavonie ». Néanmoins, c'est l'augmentation des activités industrielles et commerciales qui est à l'origine de son essor économique au cours de la seconde moitié du XIXe siècle. Ses plus beaux édifices, en styles baroque, classique et sécessionniste, datent d'ailleurs de cette période.

De nos jours, la cité vit à un rythme intensif. Il y a toujours foule dans la vieille ville où abondent les cafés, brasseries et lieux de rencontre. Les rues et les places de Zagreb, tout comme ses marchés et ses foires, témoignent du dynamisme d'une cité très attentive aussi à son développement culturel (musées, galeries d'art, théâtres). De Zagreb, il faut retenir les beaux palais du XVIIIe siècle, dont les Banski Dvori, ancien lieu de résidence du président de la République et actuel siège du gouvernement.

En Croatie, la religion catholique est dominante, le Kaptol de Zagreb (la partie de la ville édifiée par l'Église au Moyen Âge) et sa cathédrale constituent de ce fait un lieu de référence pour tous les catholiques croates.

Depuis la capitale, en traversant la région appelée Zargoje, le paysage devient très pittoresque. De douces collines sont bordées d'alignements de vignobles avec des maisons aux toits rouges et de petites églises coiffées de clochers baroques. Puis, surgit soudain dans la plaine la cité de Varazdin, perle du baroque croate où voisinent églises et palais de la fin du XVIIIe siècle. Cette région est jalonnée de nombreux châteaux (Veliki Tabor, Trakoscan, Bosiljevo, Brezovica, Klenovnik, Varazdin) ; d'abord forteresses, ils ont été remaniés ou reconstruits au XVIIIe siècle pour devenir les lieux de résidence des familles nobles.

La cité de Cakovec se trouve plus au nord, à la frontière avec la Hongrie, sur un territoire délimité par les rivières de la Save et de la Mura.

À l'est, en direction de la Slavonie, la plaine se couvre de saules pleureurs. Des champs de petites dimensions viennent s'intercaler entre les prés et les réserves de chasse de la Moslavina qui aboutissent aux villes thermales de Daruvar et de Lipik, par exemple.

Les plaines céréalières conduisent à d'anciens bourgs agricoles devenus d'opulentes cités, à l'image de Dakovo, dotée d'une cathédrale à deux clochers et d'un palais épiscopal, ou d'Osijek, qui subit au XVIe siècle de fortes influences turques mais dont l'architecture est issue de l'art baroque et sécessionniste. Au-delà, enfin, s'élèvent les villes de Vinkovci et Vukovar. Cette dernière est bien connue du fait des événements tragiques qui s'y sont déroulés pendant la dernière guerre, mais elle possède aussi dans ses environs le site archéologique de Vucedol dont certains éléments mis au jour datent du IIIe millénaire av. J.-C., comme la colombe énéolithique.

Ce territoire s'élargit encore dans la zone des grands fleuves avec le Danube, marquant la frontière orientale de la Croatie, et la Drave. Avant de rejoindre le Danube, cette rivière alimente la cannaie du Kopacki rit, espace de nidification pour les oiseaux des marais devenu parc naturel, mais aussi pôle d'attraction pour les spécialistes.

Revenant en arrière le long de la Save, on découvre une région très marécageuse elle aussi : entre Sisak et Nova Gradiska, dans le parc naturel du Lonjsko polje, s'étend l'un des marais les plus vastes et les mieux conservés en Europe. Les maisons typiques en bois, que l'on retrouve jusqu'à Pozega, accueillent chaque année sur leurs toits les cigognes qui viennent y faire leur nid. De vastes forêts de chênes s'étendent autour de cette zone humide.

Le parc naturel de Medvednica mérite également une mention. Ce massif boisé (hêtres et sapins) se dressant au nord de Zagreb est particulièrement riche en grottes, en cascades et en canyons.

Avant de pénétrer dans la zone montagneuse du pays, on passe par Karlovac, « la Cité des quatre rivières », située au point de rencontre de la Kupa, de la Korana, de la Dobra et de la Mreznica. Plus au sud, ce sont les montagnes, ce qu'on appelle la Croatie alpine.

Le vaste haut plateau du Gorski Kotar – dont le massif du Risnjak avec son parc national – est un lieu magnifique où la nature demeure intacte et souveraine. Cohabitent là l'ours brun et le lynx, le chamois, le cerf et l'aigle. Les forêts de sapins s'étendent à perte de vue, le vert sombre de ces arbres contrastant avec la tonalité plus claire et souriante des prés et des pâturages.

Quelques rares villages sont implantés le long de la route reliant Rijeka (anciennement Fiume) à Zagreb, ou conduisant, depuis Zagreb, jusqu'en Dalmatie, à l'image de Delnice, Cabar, Skrad, Vrbovsko, Lovske et Fuzine pourvues de superbes lacs, ou bien Ogulin, Otocac et Gospic, principaux centres urbains de la Lika. Chaque bourg, chaque village, a conservé ses traditions anciennes reflétées par le mode de vie, en particulier par la cuisine faite de plats simples et authentiques, liés aux ressources naturelles locales. Le Gorski Kotar et la Lika sont des lieux de silence, les longs silences absolus des paysages interrompus seulement par le gazouillement de nombreuses espèces d'oiseaux.

La Lika abrite le plus beau parc national croate, inscrit d'ailleurs au patrimoine de l'humanité établi par l'Unesco : celui des lacs de Plitvice. Au nombre de seize, les lacs sont reliés entre eux par des cascades, cours d'eau surgissant soudainement des forêts de hêtres et de pins et dont les parcours emplissent les yeux de beauté, tout en replaçant l'homme dans une union intime avec la nature.

Le massif de Velebit, comprenant les gorges de Velika Paklenica et de Mala Paklenica, se situe à proximité immédiate de la côte, surplombant la mer ; ce mont partiellement submergé se caractérise par les indentations de son relief karstique et ses grottes (dont la caverne de Luka). Le massif renferme de nombreuses espèces animales et végétales protégées : certaines sont propres à ce territoire, d'autres dues à la création, il a quelques années, d'un jardin botanique très fréquenté par les amoureux de la nature et des promenades en montagne.

Le parc national de la Krka s'étend le long du fleuve homonyme qui s'écoule dans de profonds canyons, parmi une multitude de cascades (citons celles de Skradin et Roski), et alimente le lac de Visovac et son monastère franciscain du XVe siècle, bâti sur un îlot au milieu des eaux.

Dans l'arrière-pays dalmate, la cité de Knin, dont l'histoire est associée à celle des rois croates, abrite une forteresse médiévale. Sinj commémore chaque année le terrible siège de la ville par les Turcs lors d'un tournoi appelé Alka.

Plus au sud, plongeant vers la riviera de Makarska, la montagne du Biokovo se dresse, blanche et majestueuse. La richesse de sa flore (plus de 2 000 espèces différentes de fleurs et de plantes) et de sa faune (dont des chamois) fait considérer ce lieu comme un parc naturel.

12-13. *Le parc national de la Krka englobe la totalité du cours de la rivière.*

13 en bas, à gauche. *Sur le haut plateau du Gorski Kotar, à 15 km de la mer, le massif boisé du Risnjak est le point de rencontre des climats continental et méditerranéen.*

13 en bas, à droite. *La montagne du Biokovo est devenue parc naturel par la richesse de sa flore et de sa faune.*

14-15. *Les mosaïques du VIe siècle de la basilique euphrasienne de Porec, de claire influence byzantine, rappellent celles de Ravenne.*

Notre parcours nous amène inévitablement à la mer.

L'Adriatique baigne une grande partie de la Croatie et lui donne son climat méditerranéen. Malgré les vents froids du nord-est, les hivers sont tempérés par la douceur maritime et les étés bénéficient d'une brise réduisant l'intensité du soleil de midi. La mer est limpide et l'eau cristalline permet d'apercevoir les fonds marins, les reflets des rochers de la côte et les ondes qui, lorsque la mer est calme, viennent caresser les galets de la plage dans un mouvement ininterrompu.

L'Istrie, la région côtière la plus au nord, est cette péninsule dessinant une sorte de triangle. En longeant le golfe de Piran, on découvre les petites cités d'Umag et de Novigrad qui, comme toutes les villes de la côte istrienne, ont connu un fort développement touristique au cours des dernières années.

Au fil des siècles, la péninsule a subi des influences et des dominations diverses. Les vestiges romains, byzantins, vénitiens, ne sont pas rares. Ainsi, Porec possède l'un des monuments paléochrétiens les mieux conservés, la basilique euphrasienne, laquelle, avec ses superbes mosaïques, est un lieu merveilleux à visiter. Les maisons de Porec rappellent, elles, les splendides palais vénitiens.

L'Istrie abonde en églises et chapelles remarquables, qu'il s'agisse de la petite église de Beram, connue pour ses fresques d'époque médiévale peinte par Vincent de Kastav en 1474, de l'église Sainte-Euphémie à Rovinj, un symbole pour tous les habitants de la région, ou de la cathédrale Saint-Blaise à Vodnjan avec sa collection d'art sacré.

Pula, principale ville d'Istrie, possède un passé glorieux remontant à l'époque romaine. Ses arènes (un amphithéâtre du Iᵉʳ siècle apr. J.-C.) reçoivent de nos jours encore de nombreux visiteurs, tout comme l'arc des Sergi et le temple d'Auguste situé dans le forum romain.

Dans l'arrière-pays istrien, on peut découvrir le centre administratif de Pazin avec sa célèbre doline (petite dépression caractéristique des reliefs karstiques) et le château de Montecuccoli. L'Istrie est composée d'une multitude de villages, quasiment abandonnés, accrochés à des collines couvertes de vignes où le temps semble s'être arrêté, que ce soit à Hum, Plomin, Motovun ou Groznjan pour n'en citer que quelques-uns.

La côte orientale de l'Istrie est dominée par le mont Ucka dont le sommet est couvert de forêts de hêtres et de pins. Des localités touristiques se sont développées au pied de ce massif dès la seconde moitié du XIXᵉ siècle, à l'image de Moscenice, de Lovran ou d'Opatija. Cette dernière se caractérise par ses hôtels à l'architecture « fin de siècle », témoins d'une époque où la station balnéaire était fréquentée par toute la noblesse d'Europe. Sur cette côte fleurie de lauriers et de myrtes, les promenades en bord de mer sont inoubliables.

Quelques kilomètres séparent Opatija de la cité de Rijeka d'où partent, comme dans le passé, des embranchements ferroviaires, routiers, aériens et maritimes.

Rijeka, cité portuaire, possède un noyau antique : la vieille ville avec la Tour municipale, l'arc romain, la cathédrale Saint-Guy et l'église de l'Assomption. Au-delà du fleuve Rijecina, sur les collines de Trsat, un long escalier mène au sanctuaire dédié à la Vierge et au château des comtes Frankopan, restauré dans le style néo-gothique.

16-17. *La cathédrale de Trogir abrite la chapelle monumentale de Giovanni Orsini (pape Nicolas III). Au centre, un sarcophage du XIVe siècle présente son effigie.*

17 en haut. *À Sibenik, la façade de la cathédrale Saint-Jacques est ornée d'une frise comprenant soixante-quatorze visages, ceux des habitants de la cité immortalisés pour l'Histoire.*

17 en bas. *À Zadar, le lion vénitien de saint Marc surmonte la porte de Terre ferme, œuvre Renaissance de l'architecte véronais Michele Sanmicheli (1573).*

Le littoral se déroule avec ses baies et ses criques, ses petits ports et ses plages, en traversant de petites cités comme Bakar, Kraljevica, Crikvenica. Alentour, s'étale une végétation méditerranéenne luxuriante, faite de chênes verts, de lauriers, d'herbes aromatiques. À la verdoyante riviera de Crikvenica, de Novi et de Senj, succède bientôt un paysage âpre et rude. Le soleil brûle les roches nues battues par le sirocco et la bora ; il en est ainsi jusqu'à Karlobag.

La côte accidentée dissimule souvent ses beautés au visiteur inattentif. Mais c'est dans les recoins les plus secrets que se cachent les plus grandes merveilles, offrant les émotions les plus fortes. C'est ainsi que l'on se trouve brusquement face à des baies somptueuses, à des criques et à des rochers baignés de soleil au crépuscule.

De l'antique Nin, ancien siège des évêques croates, on arrive à Zadar. Le centre abrite l'église préromane de Saint-Donatien, l'un des plus remarquables monuments de la ville. La basilique Sainte-Marie, datant de la période romane, possède un musée d'art sacré tandis que la cathédrale Sainte-Anastasie remonte aux XIIe et XIIIe siècles. Il faut absolument visiter l'église Saint-Siméon, la porte Renaissance et les musées de la ville. Bien que Zadar ait été fortement bombardée pendant la Seconde Guerre mondiale, ses rues et ses palais évoquent la longue période pendant laquelle la ville fut sous contrôle vénitien.

Après Zadar, voici Sebenico en passant par Biograd na Moru. Dominée par le vieux fort Sainte-Anne, la cité possède aussi des palais (palais Foscolo et Orsini) et des églises parmi lesquelles la cathédrale Saint-Jacques, œuvre médiévale, dont la façade porte les visages sculptés de ses concitoyens d'alors. À cette étape de notre voyage en Dalmatie, il est important de souligner qu'au fil des siècles la mer a servi de pont entre des peuples de culture différente. Ce territoire, comme nous l'avons déjà précisé, appartint d'abord aux Illyriens avant de passer sous la domination romaine. Il subit des influences byzantines, turques, puis fut rattaché à la Croatie, à l'Empire austro-hongrois et aux Vénitiens avec lesquels le dialogue ne s'interrompit jamais à cause du commerce maritime. Ces multiples influences se retrouvent dans les vestiges architecturaux et dans les œuvres d'art que l'on peut encore admirer de nos jours.

En poursuivant notre route, nous arrivons à Trogir, fondée par des colons grecs et syracusains. La cathédrale Saint-Laurent, avec son élégant clocher, constitue la plus belle œuvre romane de Dalmatie ; elle abrite des peintures d'artistes baroques italiens (Di Palma le Jeune, Del Padovanino, etc.) Il ne faut pas oublier d'aller voir la Loge publique du XIVe siècle sur la Piazza dei Signori.

18. La nuit, les murailles de Dubrovnik revêtent un aspect magique, les antiques palais qui donnent sur le Stradun, l'artère principale de la ville, ramenant le visiteur à l'époque de la glorieuse « république ».

19. La coupole de l'église Saint-Blaise date du début du XIXe siècle. L'église néo-baroque actuelle fut reconstruite sur les ruines d'un édifice du XVe siècle, endommagé par un tremblement de terre puis par un incendie. Elle renferme la statue dorée du protecteur de la ville : saint Blaise (sveti Vlaho).

20-21. Le noyau historique de Korcula, la cité homonyme et chef-lieu de l'île, est encore cerné des murailles qui devaient défendre la ville des assauts continuels des Turcs et des pirates. Le centre est structuré de manière à atténuer et neutraliser la bora, vent du nord-est froid et violent.

21. Pag est une île pauvre, à la végétation rare. Ses habitants se consacrent à l'élevage et produisent un excellent fromage dont le goût évoque les herbes et le sel insulaire.

Après avoir traversé la rivière aux sept châteaux, c'est l'arrivée à Split. La ville s'est développée à partir du palais de Dioclétien dont quatre portes sont encore visibles. La porte d'Or, au nord, conduisait à Salonique la romaine. L'ensemble de la zone environnant le palais a donné lieu à de riches découvertes archéologiques, conservées dans les différents musées de la ville.

Split est, tout à la fois, la principale ville et le premier port de Dalmatie. Elle est située au pied du mont Marian, recouvert d'une forêt de pins offrant de multiples itinéraires de promenades. Les abords de la ville, ombragés de palmiers, forment eux aussi une promenade de choix.

Les bords de la riviera de Makarska, au pied du Biokovo, sont plantés de palmiers, le long de la route aboutissant à Dubrovnik ; cette côte est devenue un site touristique très renommé. Une fois franchie l'embouchure du fleuve Neretva irriguant des terres consacrées à la culture des agrumes et des légumes, nous poursuivons vers Dubrovnik par la péninsule de Peljesac, connue pour ses vignes et donc pour le vin produit dans la région.

Dubrovnik se situe à l'extrême pointe de la Croatie. La cité est divisée en deux par le Stradun (jadis appelée Placa), l'artère principale allant de la porte Pila jusqu'à la tour de l'Horloge et à l'hôtel de la Monnaie sur la Piazza della Loggia. C'est là que se trouvent la cathédrale et le palais des Recteurs. Les couvents Saint-François et Saint-Dominique possèdent de superbes cloîtres en style Renaissance italien. Presque toutes les églises conservent des œuvres d'artistes célèbres à leur époque. La ville, un temps république maritime, fut donc entourée de fortifications, de portes et de donjons dont les murailles sont accessibles aux visiteurs.

De nos jours, Dubrovnik, « la perle de l'Adriatique », est devenue une destination de prédilection pour les touristes du monde entier avec, en face, la belle petite île de Lokrum ayant appartenu à Maximilien et Rodolphe de Habsbourg.

La grande majorité des nombreuses îles croates partagent les caractéristiques des pays méditerranéens : murets en pierres sèches, oliviers, vigne, figuiers, pêchers et amandiers. Sur les terres incultes poussent la garrigue, le myrte et le genévrier, en alternance avec les chênes verts, les pins et les cyprès. Les troupeaux de chèvres, fort nombreux, sont à l'origine d'excellents fromages.

Le parc national de l'île de Mljet occupe la partie occidentale de l'île et englobe deux « lacs » qui, en réalité, sont des criques avec un îlot dominé par une abbaye bénédictine du XIIe siècle.

Sur l'île de Korcula, il ne faut pas manquer la cathédrale Saint-Marc mais c'est l'antique danse des chevaliers, dite « mauresque », qui a fait la réputation de ce lieu. Cette danse est liée aux batailles que, au fil des siècles, les habitants menèrent contre les Turcs. À Badja, un îlot est aussi occupé par un monastère doté d'un superbe cloître.

L'île de Hvar possède un centre urbain éponyme. Celui-ci fut un important port vénitien sur la route menant vers l'Orient ; c'est la raison pour laquelle ses maisons présentent de gracieuses façades vénitiennes. Hvar possède un théâtre antique ainsi que, sur la place principale, une cathédrale, Saint-Étienne, et un arsenal construit au XVIIe siècle.

C'est l'une des stations balnéaires les plus prisées de Dalmatie. L'été, l'île revêt la couleur de la lavande dont le parfum se propage alentour.

L'île de Vis, longtemps fermée au tourisme, est surtout célèbre pour sa grotte « Modra spilja », peinte en bleu ciel.

La plage de Bol, sur l'île de Brac, forme une étendue de galets blancs bordée par une mer transparente.

Plus au nord, les îles sont regroupées dans l'archipel de Kornati. Le parc national du même nom, tout comme le parc naturel de Telascica sur l'île de Dugi Otok, représente le paradis retrouvé pour les amoureux de la nature. Il est possible d'y faire de la plongée sous-marine et découvrir ainsi la richesse des fonds marins. En remontant entre les nombreuses îles vers le nord, on arrive à Pag, caractérisée par ses salines, le travail de la dentelle à l'aiguille, ainsi que la production de fromages de brebis.

Couverte d'une luxuriante végétation, l'île de Rab possède de nombreuses infrastructures touristiques. Son centre-ville, aux caractéristiques vénitiennes, capte l'attention du visiteur. Il convient de citer la loggia, les portails, les églises romanes et leurs beaux clochers.

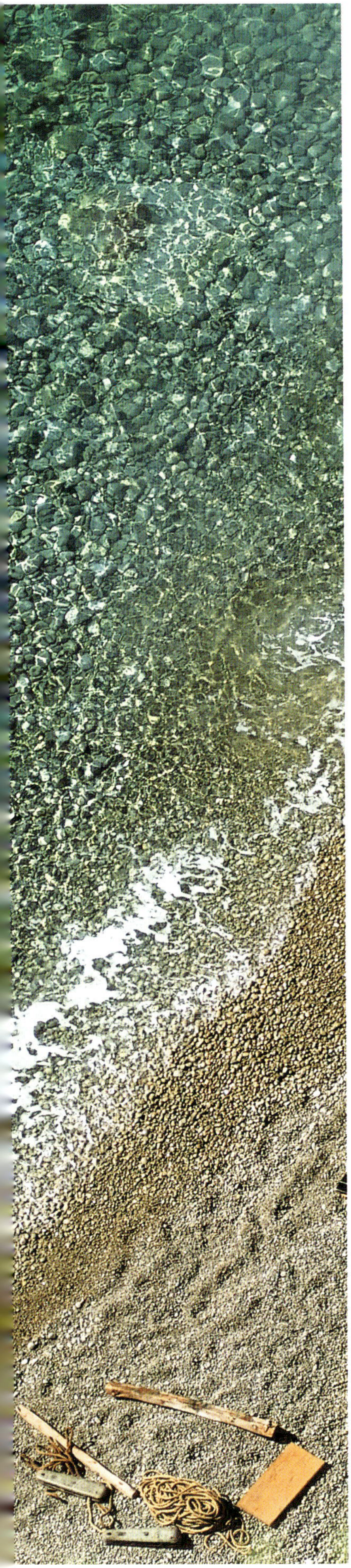

22-23. Le bruit du ressac et des vagues caressant les galets. La mer bleue et limpide. Le dur labeur des pêcheurs. Ces images et ces sons se retrouvent tout le long de la côte dalmate.

23 en haut. *Un pêcheur se sert d'une nasse. De nos jours encore, le poisson joue un rôle essentiel dans l'alimentation des populations vivant en contact étroit avec la mer.*

23 en bas. *Le lac de Vrana se trouve au cœur de l'île de Cres, dans une zone battue par les vents. Le fond du lac se situe à 68 m au-dessous du niveau de la mer. Ce lac d'eau douce fournit une grande partie de l'île en eau potable.*

De toutes les îles du golfe de Kvarner, la plus grande est celle de Krk avec les charmants villages de Vrbnik et Dobrinj. L'île conserve des vestiges romains, mais elle est avant tout connue pour détenir le plus ancien exemple d'écriture croate, datant du XIe siècle, découvert sur la pierre de Baska. Celle-ci présente des inscriptions en glagolitique, un antique alphabet typiquement croate. Près de Punat, on peut découvrir le petit îlot de Kosljun avec son monastère tandis que, non loin du chef-lieu de Krk, se dresse la très ancienne église de Saint-Donatien. Des infrastructures touristiques sont en place à Njivice, Malinska et Baska où une longue plage s'étend au pied d'une colline.

L'île de Cres garde une nature sauvage, en particulier sur sa côte orientale, très escarpée, où vit le vautour griffon. Un lac d'eau douce, au cœur de l'île, est la principale ressource en eau potable. L'hiver, Cres est peu habitée ; en revanche, l'été, ses petits villages encastrés dans la roche reviennent à la vie, à l'image de Lubenice ou Martinscica.

Valun, autre localité de l'île, possède un musée lapidaire rassemblant des copies de toutes les principales expressions connues en glagolitique mises au jour dans les îles et sur la côte orientale de l'Istrie.

À Osor, un pont relie l'île de Cres à Losinj, sa proche voisine, que sépare un étroit canal creusé par les Romains. Recouverte d'une végétation luxuriante, l'île comble l'odorat et l'ouïe lorsqu'en été les parfums de la résine de pin et des herbes aromatiques viennent s'ajouter aux stridulations bruyantes des cigales. Mali Losinj et Veli Losinj, ses deux petits ports, possèdent une longue et glorieuse tradition maritime, tant en matière de navigation que de chantier naval.

L'île de Susak, avec son vin si particulier redécouvert depuis peu et ses costumes folkloriques colorés, est la seule île sur l'Adriatique composée de dépôts de sable.

Notre itinéraire croate est sur le point de s'achever.

Nous avons commencé notre parcours parmi les îles en partant de la petite Lacroma. Nous le terminerons avec des îles, elles aussi, de tailles réduites, situées face à Rovinj. Auparavant, arrêtons-nous dans l'archipel des Brijuni, formant une zone protégée transformée en parc national. Là, dans un climat très doux, la nature et l'homme ont réalisé une œuvre grandiose. Dès le début du XXe siècle, la plus grande île fut une station touristique de luxe, érigeant ses villas parmi les vestiges romains, byzantins et vénitiens. Dans son parc, vivent en liberté des animaux venus du monde entier offerts au président Tito qui résidait souvent en ce lieu.

Notre voyage est bel et bien terminé.

De la Croatie, nous emporterons des images et des parfums inoubliables. Il nous restera aussi le souvenir des visages rubiconds et joyeux des habitants de la Slavonie ou du Zargoje, parés de leurs costumes typiques et dansant au son d'orchestres folkloriques.

Il nous restera de surcroît le sens de la cordialité, une simplicité humaine des habitants des montagnes vivant dans une union intime avec la nature.

Mais, surtout, nous garderons en mémoire les beautés, tant artistiques que naturelles, découvertes sur la côte adriatique où le bleu de la mer est en contact étroit avec des hommes au visage brûlé par le soleil et le sel, aux mouvements brusques et au regard tourné vers le lointain.

Italie
Slovénie
Mer Adriatique
CAKOVEC
VARAZDIN
KOPRIVNICA
ZAGORJE
BREZNICA
BJELOVAR
ZAGREB
SAMOBOR
KUPA
JASTREBARSKO
KARLOVAC
SISAK
SUNJA
SAVE
KOSTAJNICA
UNA
UMAG
BUJE
NOVIGRAD
PARC NATIONAL DE RISNJAK
RIJEKA
OPATIJA
CRIKVENICA
GORSKI KOTAR
NOVI VINODOLSKI
POREC
PAZIN
ISTRIE
ROVINJ
KVARNER
KRK
PULA
CRES
RAB
LOSINJ
PARC NATIONAL DES LACS DE PLITVICE
PLITVICE
GOSPIC
KARLOBAG
PAG
PARC NATIONAL DE PAKLENICA
NIN
ZADAR
DUGI OTOK
DALMATIE
KNIN
BENKOVAC
PARC NATIONAL DE LA KRKA
CETINA
KORNATI
VODICE
SIBENIK
SPLIT
SOLIN
TROGIR
OMIS
BRAC
MAKARSKA
HVAR
VIS
KORCULA

25 en haut, à gauche. *Érigée avant le séisme de 1750, la tour de l'Horloge fut naguère l'une des principales portes de la ville. Elle fut reconstruite en 1890 et gagna un nouveau dôme.*

25 en haut, à droite. *Une femme revêt un costume folklorique de Slavonie. Considérée comme le « grenier à blé » du pays, la Slavonie est formée des régions les plus orientales de la Croatie.*

26-27. *Les seize lacs de Plitvice déversent leurs eaux les uns dans les autres avec des effets de cascade spectaculaires. Toute la région qui les entoure, le long de l'artère principale reliant Zagreb à la Dalmatie, est sous la protection de l'Unesco.*

28-29. *L'archipel des Kornati est formé d'îles nombreuses et de récifs aux formes étranges et variées (on en a dénombré 125). La mer cristalline qui les entoure est une invitation à la plongée sous-marine.*

CROATIE CONTINENTALE

30 en haut. *À Varazdin, un grand nombre d'édifices baroques ont été conservés intacts.*

30 en bas. *Le paysage du Zargoje croate est caractérisé par de nombreuses collines où l'on cultive la vigne. Les vins produits dans cette région sont fameux.*

31. *Sommet de l'un des deux clochers de la cathédrale de Zagreb, mesurant respectivement 103 et 105 m.*

Paysages continentaux

32. *Entouré d'un parc paysager, Trakoscan est un château romantique donnant sur un lac artificiel.*

33 *en haut, à gauche.* *Le château a été restructuré et restauré à plusieurs reprises au cours des siècles. Entre 1853 et 1856, il fut reconstruit en style néo-gothique par le comte Djuro Draskovic.*

33 *en bas, à droite.* *De nos jours, le château est devenu un musée abritant une collection de meubles et d'objets témoignant de la période de la féodalité croate.*

34-35. *Veliki Tabor est l'une des forteresses médiévales les mieux conservées en Croatie. Son noyau gothique et Renaissance a la forme d'un pentagone enfermé dans un mur d'enceinte. Édifié à l'abri sur une colline, le château domine le beau paysage environnant.*

33 *en haut, à droite.* *L'intérieur du château de Trakoscan comprend une bibliothèque, des archives et des tableaux, dont des portraits de nobles personnages.*

33 *en bas, à gauche.* *Vue suggestive du château dont les origines remontent au* XIV*e* *siècle.*

36. *Le haut plateau du Gorski Kotar, avec le parc du Risnjak, est une région aux paysages particulièrement éblouissants. De nombreuses espèces animales vivent en paix dans ces grandes étendues de forêts et de prairies.*

37 *en haut.* *Depuis quelques années, le petit village de Fuzine, avec son lac artificiel, est devenu l'un des principaux centres touristiques du Gorski Kotar.*

37 *au centre.* *Vrbovsko offre de nombreuses possibilités de se détendre avec, notamment, un sentier de 3 km permettant de se promener le long d'une jolie rivière.*

37 *en bas.* *Cette végétation verdoyante se reflète dans des eaux limpides. Dans cette région, il est possible de chasser, de pêcher et, l'hiver, de skier.*

38 en haut. *Au printemps, les champs de blé vert s'étendent à perte de vue en Slavonie.*

38 en bas. *Le blé est blond et prêt à être moissonné. La Slavonie est le grenier à blé de la Croatie.*

39. *La Slavonie est une région de plaines fertiles bordée par le Danube et les rivières de la Drave et de la Save. L'agriculture produit essentiellement des céréales, du fourrage et des fruits.*

40-41. *Sur les collines du Zargoje, on cultive vigne et arbres fruitiers, tandis que les monts voisins sont couverts de massifs forestiers.*

41 en haut. *Chaque village du Zargoje se caractérise par son église au clocher élancé. Le sanctuaire votif le plus renommé de la région se trouve à Marija Bistrica.*

41 en bas. *Le paysage doux et verdoyant du Zargoje est animé par les taches de couleur des maisons construites en bordure des terres cultivées.*

Zagreb

__42.__ Zagreb, capitale de la Croatie, connut un essor rapide au XIXe *siècle en tant que centre commercial, culturel, industriel et administratif.*

43 à gauche, en haut. *Le centre de la ville s'enorgueillit de nombreux édifices monumentaux, comme il sied à l'une des plus belles capitales d'Europe de l'Est.*

43 à gauche, en bas. *Cette photographie panoramique présente la ville basse de Zagreb.*

43 à droite, en haut. *Le musée Mimara conserve une collection de plus de mille pièces (dont des peintures et des objets) couvrant un large éventail d'époques et de régions.*

43 à droite, au centre. *L'église Sainte-Catherine fut construite par les jésuites entre 1620 et 1631. Elle est considérée comme l'un des plus beaux édifices baroques de Croatie.*

43 à droite, en bas. *On voit ici le musée de l'Art et de l'Artisanat de Zagreb. La ville basse abrite de nombreux musées et instituts culturels.*

44 en haut. La place principale de Zagreb, place ban Josip Jelacic, est entourée de palais aux façades très suggestives.

44 au centre, à gauche. *Des frises d'influence néo-classique ornent l'entrée d'un bâtiment de la rue Strossmayer.*

44 au centre, à droite. *Les artistes des rues sont nombreux sur les places de Zagreb. En voici un sur la place ban Josip Jelacic.*

44 en bas. *La place ban Josip Jelacic symbolise bien le cœur de Zagreb, très fréquenté par les piétons. C'est le point de rencontre des habitants de la ville.*

44-45. *Le ban (vice-roi) Josip Jelacic est un personnage illustre de l'histoire croate. Son monument équestre domine le centre de la place.*

La cathédrale

***46-47.** La cathédrale de Zagreb est l'un des principaux édifices religieux croates. Entre le* XIIIe *et le* XIXe *siècle, elle a été remaniée à plusieurs reprises. Le clocher Renaissance a disparu pour laisser place à deux clochers néo-gothiques. Le portail a été démoli et certains autels baroques transférés dans d'autres églises. On peut découvrir ici l'intérieur fastueux de la cathédrale actuelle.*

***47 en haut.** La* Crucifixion sur le Golgotha *est une sculpture que l'on découvre en pénétrant dans la cathédrale.*

***47 au centre, à gauche.** Cette* Vierge à l'Enfant *est une peinture datée de 1610.*

***47 au centre, à droite.** Le tombeau du cardinal Alojzije Stepinac, béatifié par Jean-Paul II, est visité par de nombreux fidèles croates.*

***47 en bas.** Les évêques ont donné certains des objets précieux qui constituent le trésor de la cathédrale.*

48 à gauche. *La place des Jésuites (Jezuitski trg) fait partie d'un ensemble construit par les jésuites et qui comprenait leur couvent, l'académie et le pensionnat.*

48 à droite. *L'un des nombreux monuments de Zagreb qui présente saint Georges terrassant le dragon.*

49 à gauche. *Zagreb et ses nombreux palais, qu'ils soient de style baroque ou classique, s'offrent au regard du promeneur en un véritable carrousel d'architecture.*

49 à droite, en haut. *La vieille rue Tkalciceva relie le quartier de Gradec, la ville haute, jadis habitée par la noblesse et la bourgeoisie, à celui de Kaptol, l'ancienne ville ecclésiastique.*

49 à droite, en bas. *La porte de Pierre (Kamenita vrata) marquait l'entrée du faubourg de Gradec. L'intérieur de la porte abrite une* Vierge à l'Enfant *peinte par un artiste inconnu.*

Le quartier de Kaptol

50. *Voici l'un des quatre anges dorés de la fontaine de la Vierge immaculée, au cœur du quartier de Kaptol.*

51 en haut. *La fontaine, avec la statue dédiée à la Vierge immaculée, se dresse sur un piédestal à colonnes face à la cathédrale de la ville.*

51 en bas. *Depuis toujours, le Kaptol a symbolisé le pouvoir de l'Église à Zagreb. Dans le passé, le quartier fut cerné d'un mur d'enceinte qui a été en grande partie remplacé par des palais.*

Hrvatsko Narodno Kazaliste (Théâtre national croate)

52 en haut, à gauche. *Le Théâtre national croate fut conçu en 1894 par les architectes viennois Hellmer et Fellner.*

52 en haut, à droite. *Devant l'entrée du théâtre, on peut découvrir une œuvre sécessionniste du sculpteur Ivan Mestrovic :* Le Puits de la vie *(Zdenac civota).*

52 en bas. *Cette photographie met en valeur la beauté du groupe sculpté placé au sommet de la façade principale du théâtre.*

53. *La façade du Théâtre national croate est ornée de reliefs splendides. C'est dans ce théâtre qu'ont été données les premières représentations d'œuvres lyriques dans la seconde moitié du XIXe siècle.*

L'église Saint-Marc

54 en haut, à gauche. *L'intérieur de l'église Saint-Marc est orné d'un cycle de fresques.*

54 en haut, à droite. *L'image de la Vierge est très vénérée en Croatie. Un vitrail de l'église Saint-Marc la figure avec l'Enfant entourée de saints.*

54 au centre, à gauche. *L'église gothique de Saint-Marc, avec son clocher baroque, occupe le centre d'une place de la ville haute de Zagreb.*

54 au centre, à droite. *L'église Saint-Marc est l'une des principales églises paroissiales de Zagreb. La photographie présente une partie de la façade.*

54 en bas. *Les armoiries de la ville de Zagreb ont été figurées sur le toit de l'église Saint-Marc.*

54-55. *Posées en 1880, les tuiles colorées du toit reproduisent les armoiries médiévales de la Croatie, de la Dalmatie et de la Slavonie.*

Varazdin

56-57. *Varazdin fut d'abord une forteresse (Stari Grad, la vieille ville en français) autour de laquelle les maisons se sont élevées. Jusqu'au terrible incendie de 1776, ce fut la principale cité du banat de Croatie.*

57 en haut, à gauche. *Varazdin est considérée comme la capitale du baroque croate. Ce style apparaît aussi à l'évidence sur certains détails extérieurs de ses petites églises.*

57 en haut, à droite. *L'église Saint-Nicolas possède un clocher gothique (1491) sur lequel sont sculptées les armoiries de la ville.*

57 au centre. *Parmi les principales églises de Varazdin, citons l'église Saint-Jean-Baptiste (Franciscains), l'église de l'Annonciation et celle de la Sainte-Trinité (Capucins).*

57 en bas. *À Varazdin, la place Kralj Tomislav est composée d'édifices baroques qui résument bien l'atmosphère particulière de la ville.*

1833.
1922.-1960.-1989.

58-59. *On a peint l'image de la Vierge sur le cadran solaire occupant une paroi de l'église Saint-Jean-Baptiste.*

59 en haut, à gauche. *Voici Grégoire de Nin, un évêque croate charismatique qui vécut au Xe siècle.*

59 en haut, à droite. *L'église Saint-Jean-Baptiste se trouve près du couvent des Franciscains, riche en peintures et comprenant une bibliothèque et une pharmacie.*

59 au centre, à gauche. *La photographie détaille l'une des caryatides ornant la façade du théâtre de Varazdin.*

59 au centre, à droite. *Varazdin, ville de tradition musicale ancienne, organise de nombreux concerts, à l'image de la manifestation annuelle des « Soirées baroques de Varazdin ». On peut découvrir ici le Théâtre national de la ville.*

59 en bas. *Le cimetière de Varazdin est un jardin très bien entretenu où les haies sont taillées de manière à former des murs de séparation.*

Osijek

60 en haut. *L'église Saints-Pierre-et-Paul abrite un orgue magnifique.*

60 au centre, à gauche. *L'église en brique Saints-Pierre-et-Paul fut construite grâce à des fonds donnés par l'évêque Juraj Strossmayer.*

60 au centre, à droite. *L'un des vitraux de l'église illustre un épisode du Chemin de Croix.*

60 en bas. *Ce détail de la façade de la cathédrale représente un griffon.*

60-61. *Les fresques peintes à l'intérieur de l'édifice sont l'œuvre de Mirko Racki, un représentant du mouvement symboliste.*

VIP
Večernji
ZAGREB
Levi's
MODA
FOTO
Konica
Lady
TUBORG

Autres cités

62-63. *Cakovec est le principal centre du Medimurje. La cité médiévale a subi l'influence de ses maîtres : les nobles hongrois Zriny, Althani et Festetics.*

63 *en haut, à gauche.* *L'un des clochers de Cakovec, situé sur un ancien bastion de la cité, fut érigé au* XVIII*e siècle.*

63 *en haut, à droite.* *Proche de la place principale de Karlovac, l'église de la Sainte-Trinité jouxte le couvent des Franciscains (*XVII*e siècle).*

63 *au centre.* *Le Stari Dvor (ou « vieux palais ») des Zriny, édifice à un étage, a été transformé en musée.*

63 *en bas.* *Karlovac fut d'abord une cité fortifiée érigée sur un terrain marécageux. On voit ici les jardins qui sont venus remplacer les bastions de la ville.*

ADVERSUS

64-65. *Intérieur fastueux de la cathédrale Saint-Pierre édifiée par la volonté de l'évêque de Dakovo, Juraj Strossmayer, dont les restes reposent dans la crypte sous-jacente.*

65. *À Dakovo, la cathédrale néo-romane de Saint-Pierre fut construite d'après un plan de K. Roesner et F. Schmidt élaboré dans la seconde moitié du XIXe siècle. Ses clochers mesurent 84 m de haut.*

Côte et Dalmatie

66 en haut. *Le front de mer de Split est bordé d'alignements de palmiers. À l'arrière-plan, on aperçoit le campanile de la cathédrale édifiée à partir de l'ancien mausolée de Dioclétien.*

66 en bas. L'Ad Turres *romaine est devenue la Crikvenica actuelle, une petite station balnéaire très recherchée des estivants.*

67. *Les imposantes murailles de Dubrovnik, surplombant la mer, assuraient ainsi la défense de la cité.*

Le littoral de Crikvenica

68-69. *Des criques rocheuses et des baies avec leurs plages de galets. Un paysage rude, sans doute, dominé par la pureté de la mer bleue.*

69 en haut. *Le littoral de Crikvenica, qui bénéficie d'un climat particulièrement doux, vit naître, dès 1895, les premières stations balnéaires.*

69 au centre. *Ces alignements de parasols sur une plage de Crikvenica témoignent du succès estival que connaît la petite cité balnéaire depuis quelques années.*

69 en bas. *On voit ici une partie de la côte adriatique s'étendant de Crikvenica à Rijeka. Cette côte possède de nombreuses infrastructures touristiques.*

Nin et Zadar

70-71. L'église Saint-Donat (26 m de haut) est préromane. Elle aurait été construite sous l'impulsion de l'évêque Donat dans la première moitié du IXe siècle.

71 en haut. *On voit ici l'architecture préromane de plan irrégulier de l'un des plus anciens édifices religieux de Nin, l'église Sainte-Croix, datant du Xe siècle.*

71 au centre, à gauche. *Une tour fut élevée sur la coupole de l'église Saint-Nicolas à Nin pour servir d'observatoire pendant la guerre contre les Turcs. Comme Zadar, la ville resta sous la protection de Venise du début du XVe siècle jusqu'à la chute de la Sérénissime, en 1797.*

71 au centre, à droite. *La cathédrale Sainte-Anastasie de Zadar, basilique du XIe siècle, abrite le sarcophage de la sainte dans l'abside gauche de l'église.*

71 en bas. *Surmontée du grand lion de saint Marc, la porte de Terre ferme de Zadar fut construite en 1573 pour commémorer la victoire navale de Lépante remportée par les Vénitiens contre les Turcs, deux ans plus tôt.*

Sibenik

72. *Le toit Renaissance de la cathédrale de Sibenik fut construit en pierres provenant des îles dalmates. Voici la statue de saint Michel, le saint protecteur de la cité.*

73 à gauche. *La cathédrale Saint-Jacques de Sibenik est l'une des plus grandes églises de la côte orientale de l'Adriatique. Elle est inscrite depuis l'an 2000 sur la liste du patrimoine mondial de l'Unesco.*

73 à droite, en haut. *La cathédrale Saint-Jacques possède plusieurs autels ornés des sculptures de Niccolo Fiorentino et de Juraj Petrovic ainsi que des peintures de Bernardino Ricci.*

73 à droite, en bas. *Le centre historique de Sibenik est formé d'un dédale de ruelles, souvent en escaliers, qui serpentent sur le coteau. La place des Seigneurs abrite d'admirables palais de style vénitien.*

Trogir

74. *La place centrale de Trogir, trg Ivana Plavna II, possède quelques-uns des plus beaux palais de la ville ainsi que la splendide Loge publique (XIVe siècle).*

75 en haut. *Voici l'une des cent soixante statues placées près de la voûte ou dans les niches de la chapelle consacrée à Giovanni Orsini (pape Nicolas III) dans la cathédrale Saint-Laurent (sv. Lovro).*

75 en bas. *La cathédrale Saint-Laurent est une basilique à trois nefs et trois absides. Son clocher témoigne tout à la fois des styles roman, gothique et Renaissance.*

Split

76 à gauche. *La cathédrale Saint-Domnius s'élève sur le mausolée octogonal de Dioclétien. Le campanile de styles roman et gothique fut construit entre le* XIII*e* *et le* XVI*e* *siècle.*

76 à droite, en haut. *Détail du pied de Grégoire de Nin (Grgur Ninski). La statue a été réalisée par Ivan Mestrovic.*

76 à droite, en bas. *En pénétrant dans la cathédrale, on peut admirer sur la gauche la chaire du* XIII*e* *siècle, œuvre d'un artiste inconnu.*

77. *La porte d'Argent du palais de Dioclétien permet un accès à la cité par l'orient. La plus grandiose reste cependant la porte d'Or, située au nord.*

78. *Vue suggestive de Split la nuit avec le campanile de Saint-Domnius (sveti Duje) illuminé, au centre de la photographie.*

78-79. *L'opéra* Aïda *fut donné dans le péristyle du palais de Dioclétien. Durant l'été, Split accueille des manifestations culturelles nombreuses et variées.*

Le littoral de Makarska

80 en haut. *La route longe la mer, offrant des paysages typiquement méditerranéens.*

80 en bas. *La riviera de Makarska offre un superbe décor de criques et d'anfractuosités rocheuses.*

80-81. *Le port de Makarska aux premières lueurs de l'aube : les bateaux de pêche s'apprêtent à sortir en mer.*

RIBARSKO TURISTICKI BROD

Dubrovnik

82-83. *En visite en Croatie, il ne faut absolument pas manquer Dubrovnik, placée sous la protection de l'Unesco depuis 1979.*

83 en haut, à gauche. *La puissante tour Minceta, renforcée de bastions, occupe l'angle nord-est des remparts de Dubrovnik.*

83 en haut, à droite. *La porte Pile, accès occidental de la cité dalmate, donne sur le Stradun, l'avenue principale conduisant au vieux port.*

83 en bas. *Les fortifications de Dubrovnik cernent entièrement la vieille ville. À certains endroits, la muraille atteint 6 m d'épaisseur.*

84-85. *Les toits de Dubrovnik vus du ciel. La ville a subi d'intenses bombardements pendant la guerre serbo-croate.*

85 en haut. *La statue de saint Blaise (sveti Vlaho) bénit la cité en contrebas.*

85 au centre, à gauche. *Détail du monastère franciscain qui abrite l'une des plus anciennes pharmacies d'Europe ouverte, sans interruption, depuis 1317.*

85 au centre, à droite. *L'église Saint-Blaise fut reconstruite en 1715 après avoir été totalement détruite par un incendie. Il ne reste rien de ses formes gothiques originelles, ce dont témoigne la façade baroque.*

85 en bas. *Le soir, la place de la Loge s'anime d'une foule de visiteurs venus s'imprégner de l'atmosphère magique d'un autre temps.*

86-87. *La vue aérienne de Dubrovnik révèle la puissance de ses murs d'enceinte mesurant 1 940 m de long et 22 m de haut, avec une épaisseur variant entre 1,5 et 5,3 m.*

Les parcs

88 en haut. *Les marais de Kopacki Rit forment un parc national de 178 km² abritant environ 280 espèces d'oiseaux qui font parfois des haltes parmi les roseaux.*

88 en bas. *Le parc du Risnjak, de 64 km² de superficie, est en grande partie recouvert de forêts.*

89. *Voici la plus belle cascade des lacs de Plitvice. Deux fleuves, Crna rijeka et Bijela rijeka, alimentent leurs eaux.*

Krka et Velebit

90 à gauche, en haut. *Le Krka, dont les eaux coulent dans un canyon de 200 m de profondeur, parcourt ainsi 72 km jusqu'à la mer.*

90 à gauche, au centre. *Deux lacs se forment le long du cours du Krka. On voit ici un moulin construit au bord du fleuve.*

90 à gauche, en bas. *Le parc de Velebit est un espace totalement dépourvu d'habitation.*

90 à droite, en haut. *Le parc naturel de Velebit s'étend jusqu'au sommet du mont Veliki Zavizan situé à 1 676 m d'altitude.*

90 à droite, au centre. *Le Velebit, massif protégé depuis 1999, offre un paysage et une flore uniques.*

90 à droite, en bas. *Un monastère franciscain et une petite église ont trouvé refuge sur un îlot au beau milieu du lac Visovac.*

91. *Sept séries de chutes d'eau animent le cours du fleuve Krka dont la plus imposante, Skradinski buk, est formée de dix-sept cascades.*

Plitvice

92-93. *Le parc de Plitvice, avec une superficie de 192 km², comprend seize lacs ainsi que des chutes d'eau de tailles variées qui les relient entre eux.*

93 *en haut, à gauche.* *Les lacs sont cernés d'une végétation épaisse où se mêlent conifères et essences à feuilles caduques.*

93 *en haut, à droite.* *Partout, ce ne sont que rivières et cascades, s'écoulant dans une nature inviolée.*

93 *au centre.* *Les lacs de Plitvice – le Kosjak est le plus grand d'entre eux – ont creusé leur lit dans un haut plateau karstique, créant un paysage de rêve, qui fait partie des patrimoines naturels de l'humanité recensés par l'Unesco.*

93 *en bas.* *Les eaux des lacs de Plitvice, essentiellement alimentées par le fleuve Matica, confluent dans le fleuve Korana, à une centaine de mètres en contrebas.*

Parc national de Risnjak

94-95. *Le nom « Risnjak » vient sans doute de* ris *signifiant « lynx ». Le parc de Risnjak abrite en effet de très nombreux lynx.*

95 en haut. *L'ours brun est très répandu dans le Gorski Kotar. On le voit souvent rôder près des habitations et visiter les jardins à la recherche de nourriture.*

95 au centre, à gauche. *Fleurs et herbe tendre des prairies contrastent avec la sombre frondaison des sapins et des hêtres.*

95 au centre, à droite. *Risnjak offre un paysage de forêts séculaires alternant avec des massifs rocheux creusés de gorges, de cavernes et de précipices.*

95 en bas. *Dans le Gorski Kotar, les étés sont ensoleillés et frais tandis que les hivers, rigoureux, s'accompagnent de chutes de neige.*

Kopacki rit et Lonjsko polje

96 en haut. *Le petit butor, mesurant à peine 40 cm de long, est un visiteur assidu des parcs naturels de Kopacki rit et de Lonjsko polje.*

96 au centre, à gauche. *Une guifette moustac a fait son nid au confluent de la Drave et du Danube.*

96 au centre, à droite. *L'architecture présentée ici est caractéristique des habitats du comté de Posavina.*

96 en bas. *Une cigogne regagne son nid construit au sommet d'un toit. Les cigognes construisent généralement leurs nids sur les cheminées et on y voit là un signe de bon augure.*

97. *L'eau est omniprésente dans le parc naturel de Kopacki rit, composé d'étangs, de lacs et de canaux.*

La péninsule d'Istrie

98 en haut. *Porec fut construite sur un* castrum *romain. Son* decumanus *correspond à la rue principale de la cité actuelle. On aperçoit ici la basilique euphrasienne et son clocher.*

98 en bas. *L'amphithéâtre romain de Pula date du Ier-IIe siècle. De par ses dimensions (il pouvait accueillir environ 23 000 spectateurs), il fait partie des six plus grands amphithéâtres romains conservés jusqu'à nos jours.*

99. *Sur sa colline, la basilique Sainte-Euphémie domine la ville de Rovinj. Son clocher, comme tous les clochers d'Istrie, rappelle celui de Saint-Marc à Venise.*

Adriatic
HOTEL

Porec

100-101. *Porec est l'un des plus grands centres touristiques de l'Istrie. On voit ici le centre historique de la ville avec la basilique euphrasienne au premier plan.*

101 en haut, à gauche. *La basilique euphrasienne fut le premier édifice chrétien édifié en Istrie au* IV*e siècle.*

101 en haut, à droite. *Achevé en 1522, le clocher de la basilique s'appuie contre le baptistère.*

101 au centre. *L'intérieur de la basilique euphrasienne comprend trois nefs et une abside, sa partie la plus importante, qu'on aperçoit à l'arrière-plan.*

101 en bas. *Le Rédempteur parmi les douze apôtres : tel est le sujet de la mosaïque placée au-dessus de l'arc de triomphe donnant accès à l'abside de la basilique.*

Rovinj

102-103. *Le port de Rovinj tourne ses façades colorées et pittoresques vers la mer.*

103 en haut. *La pêche reste une activité traditionnelle à Rovinj, qui était d'ailleurs une île jusqu'en 1763, date à laquelle le chenal qui la séparait du continent fut comblé.*

103 au centre, à gauche. *Les maisons de Rovinj, hautes et étroites, s'appuient les unes contre les autres à l'image des villes méditerranéennes. En revanche, chaque cheminée est différente de ses voisines.*

103 au centre, à droite. *D'après la légende, le sarcophage de sainte Euphémie (Ve siècle) fut découvert sur la plage de Rovinj.*

103 en bas. *Rovinj est un labyrinthe de ruelles qui conduisent toutes immanquablement vers le sommet de la colline où se dresse la basilique Sainte-Euphémie.*

MERCATURA

Pula

104-105. *Les arènes de Pula forment un ovale de 132 m de long sur 105 m de large. Elles furent construites sur ordre de l'empereur Vespasien.*

104 en bas, à gauche. *Outre les arènes et l'arc des Sergi, Pula a conservé un temple d'Auguste avec son couronnement en style corinthien (Ier siècle apr. J.-C.).*

104 en bas, à droite. *Sous la monarchie austro-hongroise, Pula fut un port militaire important du fait de sa position stratégique.*

105 en haut. *Ancienne colonie romaine, Pula conserve de nombreux vestiges de l'époque antique, intégrés dans le tissu urbain actuel.*

105 au centre. *L'arc des Sergi est un arc honorifique élevé pour trois membres de cette famille par une Romaine, Salvia Postuma, comme le précisent les inscriptions.*

105 en bas. *La basilique byzantine de Sainte-Marie-de-Formose a été déconsacrée. Au VIIIe ou IXe siècle, on construisit à côté une abbaye, dont il ne reste plus que des ruines.*

Le littoral d'Opatija

106 en haut, à gauche. *Le parc de la villa Angiolina (1844) représente le noyau originel d'Opatija. Il se situe près de l'abbaye Saint-Jacques qui a donné son nom (opatija signifie en effet « abbaye ») à ce qui est de nos jours un centre touristique réputé.*

106 en haut, à droite. *Volosko est un village composé de maisons pittoresques autrefois habitées par des pêcheurs.*

106 au centre, à gauche. *L'architecture des palais d'Opatija s'inspire des styles Renaissance, baroque, néo-classique… Été comme hiver, la ville fut un lieu de villégiature privilégié de la noblesse austro-hongroise.*

106 au centre, à droite. *On peut découvrir ici l'un des plus beaux hôtels d'Opatija : le Millennium.*

106 en bas. *La douceur du climat permet de cultiver diverses plantes exotiques. La floraison des camélias dans les parcs de la ville est considérée comme un événement important.*

106-107. *Le long de la route menant d'Opatija à Rijeka, on passe par le charmant village de Volosko dont on voit ici le petit bassin.*

restaurant PLAVI PODRUM
LÖWENBRAU
CP 1698

Rijeka

108 en haut. *Le palais Modelo et le théâtre ont été construits par les architectes Hellmer et Fellner (les concepteurs du théâtre de Zagreb). Le palais abrite le siège de l'Union des Italiens.*

108 au centre. *La place Kobler occupe le cœur du quartier historique de la ville, appelé « vieille ville de Rijeka ».*

108 en bas. *La cathédrale Saint-Guy, qui rappelle l'église vénitienne de Santa Maria della Salute, fut conçue par l'architecte jésuite G. Briani au XVIIe siècle.*

108-109. *Hormis ses fontaines jumelles, la place Jadran possède trois édifices importants : le palais Jadran, le gratte-ciel de Rovinj et le siège d'une banque (Rijecka banka), l'immeuble le plus récent.*

knjižara i papirnica

Le cœur de l'Istrie

110-111. *Accroché à la colline, Motovun est un délicieux village dominant le paysage environnant. Ses ruelles ont conservé intact leur caractère médiéval.*

111. *Autrefois centre administratif de l'Istrie vénète, Groznjan est devenue un lieu de rencontre des jeunes musiciens du monde entier.*

112. *Un champ de pavots rouges apporte une note de couleur dans la campagne d'Istrie, au nord-ouest d'Opatija. À l'arrière-plan, on aperçoit les vignes à l'origine de vins excellents, comme le teran.*

113. *Paysage d'Istrie avec ses parcelles de terres cultivées. En automne, on cueille les fameuses truffes le long du fleuve Mirna.*

Les perles de l'Adriatique

114 en haut. *L'île de Brac possède d'innombrables petites plages qui ont fait sa réputation. Elle possède aussi des carrières d'où fut extraite la pierre blanche marmoréenne utilisée pour la construction du palais de Dioclétien à Split.*

114 en bas. *On voit ici le littoral de Cres. Aride et caillouteuse dans sa partie septentrionale, l'île se couvre progressivement, en descendant vers le sud, de garrigue méditerranéenne. Signalons deux caractères propres à l'île : les murets en pierres sèches et l'élevage des ovins.*

115. *Situé sur l'un des deux lacs (Veliko jezero) reliés à la mer, l'îlot Sainte-Marie, à Mljet, abrite un ancien couvent bénédictin transformé en hôtel. L'ensemble de cette zone forme un parc naturel.*

Pag et Rab

116 en haut. *Dédiée à la Vierge, la cathédrale de Rab, dont le beau clocher roman (XIIe-XIIIe siècle) fut construit indépendamment, contient un trésor ainsi qu'un inventaire ancien et précieux.*

116 au centre, à gauche. *Pag est un chef-lieu situé dans le golfe éponyme fermé d'un côté par une plage et, de l'autre, par les célèbres salines. Cet endroit est réputé pour ses bains de boue.*

116 au centre, à droite. *Une dentellière avec son aiguille. Les dentelles de Pag sont très recherchées et onéreuses.*

116 en bas. *Vue aérienne de Pag montrant la spécificité de cette île. Ses terres arides sont utilisées pour l'élevage des ovins.*

116-117. *Rab est une petite ville tranquille et ensoleillée où prospère une riche végétation méditerranéenne. Sur l'île, on peut aussi découvrir les petites cités de Lopar, Supetar et Kampor.*

Brac, Vis, Kornati et Dugi Otok

118-119. La photographie aérienne offre une vue panoramique très suggestive de l'archipel des Kornati qui s'étend sur 234 km^2.

***119 en haut, à gauche.** Bol est considérée comme la plus belle station balnéaire de Dalmatie. C'est là que se trouve la célèbre plage de Zlatni Rat (la Pointe d'or) qui pénètre telle une flèche dans la mer et dont la forme varie en fonction des courants marins.*

***119 en haut, à droite.** Vis est l'une des îles les plus éloignées de la côte. On voit ici Komiza, la principale ville de l'île. Historiquement, Vis est connue pour la bataille navale qui se déroula dans ses eaux en 1866 entre Italiens et Autrichiens. Le sol karstique de l'île permet de cultiver les vignes et les oliviers sur des terrasses soutenues par des murets.*

***119 au centre.** On voit ici la végétation dense de l'île de Brac, composée essentiellement de pins.*

***119 en bas.** Dugi Otok (« Ile longue ») est aussi appelée Sali, en souvenir de ses antiques salines désormais disparues. La principale ressource économique des habitants de cette île est la pêche, du fait de la profondeur et de la richesse de ses fonds marins.*

Mljet
et Korcula

120. *La petite cité de Korcula est encore cernée d'un mur d'enceinte et de tours. Sa cathédrale, consacrée à saint Marc, abrite un inventaire remarquable. Marco Polo serait né, dit-on, dans cette ville.*

121 en haut. *Vue de l'île de Korcula. Sa côte méridionale est caractérisée par des avancées rocheuses pouvant atteindre 30 m de haut.*

121 en bas. *La Moreska est une danse folklorique en costumes traditionnels dont les origines remontent au XV*[e] *siècle.*

122. *En grande partie recouverte de forêts de pins, l'île de Mljet n'abrite qu'une dizaine de zones habitées.*

123. *Une abbaye bénédictine domine l'île de Mljet. On reconnaît ici la tour et l'église romane.*

Hvar

124. *Des vins de qualité sont produits dans l'île de Hvar, comme le Zlatan Plavac. On voit ici des vignobles sur les coteaux escarpés de l'île.*

125. *Le climat de l'île de Hvar, très doux, se prête à la villégiature été comme hiver. Il existe de nombreuses petites localités comme celle-ci, immergée dans la garrigue méditerranéenne.*

126-127. *L'île regorge d'herbes aromatiques. On peut observer ici la récolte de la lavande dont sera extraite son huile essentielle.*

128. *Zagreb est une cité jeune ayant maintenu des liens très forts avec son passé. Les boutiques, bien que modernes, ont conservé un air d'un autre temps. Le Millenium Poklon Galerija en est un bon exemple : on y trouve tout, des objets d'antiquité aux créations les plus extravagantes.*

Crédits photographiques

Toutes les photos publiées dans cet ouvrage sont de Marcello Libra/Archivio White Star sauf les suivantes :

pages 2-3 : Jonathan Blair/Corbis/Contrasto
pages 4-5 : Jonathan Blair/Corbis/Contrasto
pages 8-9 : Hans Georg Roth/Corbis/Contrasto
pages 20-21 : Dave G. Houser/Corbis/Contrasto
pages 22-23 : Ivo Pervan
page 23 en haut : Ivo Pervan
pages 28-29 : Jonathan Blair/Corbis/Contrasto
page 42 : Ivo Pervan
page 66 en haut : Antonio Attini/Archivio White Star
page 74 : Vanni Archivi/Corbis/Contrasto
page 76 à gauche : Antonio Attini/Archivio White Star
page 77 : Antonio Attini/Archivio White Star
page 78 à gauche : Hans Georg Roth/Corbis/Contrasto
pages 78-79 : Jonathan Blair/Corbis/Contrasto
pages 80-81 : Hans Georg Roth/Corbis/Contrasto
pages 86-87 : Torleif Svensson/Corbis/Contrasto
pages 94-95 : Marcello Libra
page 95 en haut : Marcello Libra
page 96 en haut : Marcello Libra
page 96 au centre : Marcello Libra
pages 104-105 : Antonio Attini/Archivio White Star
page 104 en bas à droite : Antonio Attini/Archivio White Star
page 105 en haut : Antonio Attini/Archivio White Star
page 114 en haut : Hans Georg Roth/Corbis/Contrasto
page 115 : Ivo Pervan
page 116 en haut à gauche : Ivo Pervan
page 116 en bas à gauche : Ivo Pervan
page 117 : Ivo Pervan
pages 118-119 : Jonathan Blair/Corbis Contrasto
page 119 en haut à gauche : Ivo Pervan
page 119 en bas : Ivo Pervan
page 119 en haut à droite : Hans Georg Roth/Corbis/Contrasto
page 119 au centre : Hans Georg Roth/Corbis/Contrasto
page 120 : Dave G. Houser/Corbis/Contrasto
page 121 en haut : Dave G. Houser/Corbis/Contrasto
page 121 en bas : Ivo Pervan
page 122 : Ivo Pervan
page 123 : Ivo Pervan
page 124 : Ivo Pervan
pages 126-127 : Ivo Pervan

Carte géographique : A. Colombo/Archivio White Star

Imprimé à Singapour
ISBN : 2-8307-0751-6
Dépôt légal : mars 2004